FRANZ LISZT

UNGARISCHE RHAPSODIEN
HUNGARIAN RHAPSODIES

1–8

für Klavier / for Piano

Herausgegeben von / Edited by
Emil von Sauer

EIGENTUM DES VERLEGERS · ALLE RECHTE VORBEHALTEN
ALL RIGHTS RESERVED

C. F. PETERS

FRANKFURT/M. · LEIPZIG · LONDON · NEW YORK

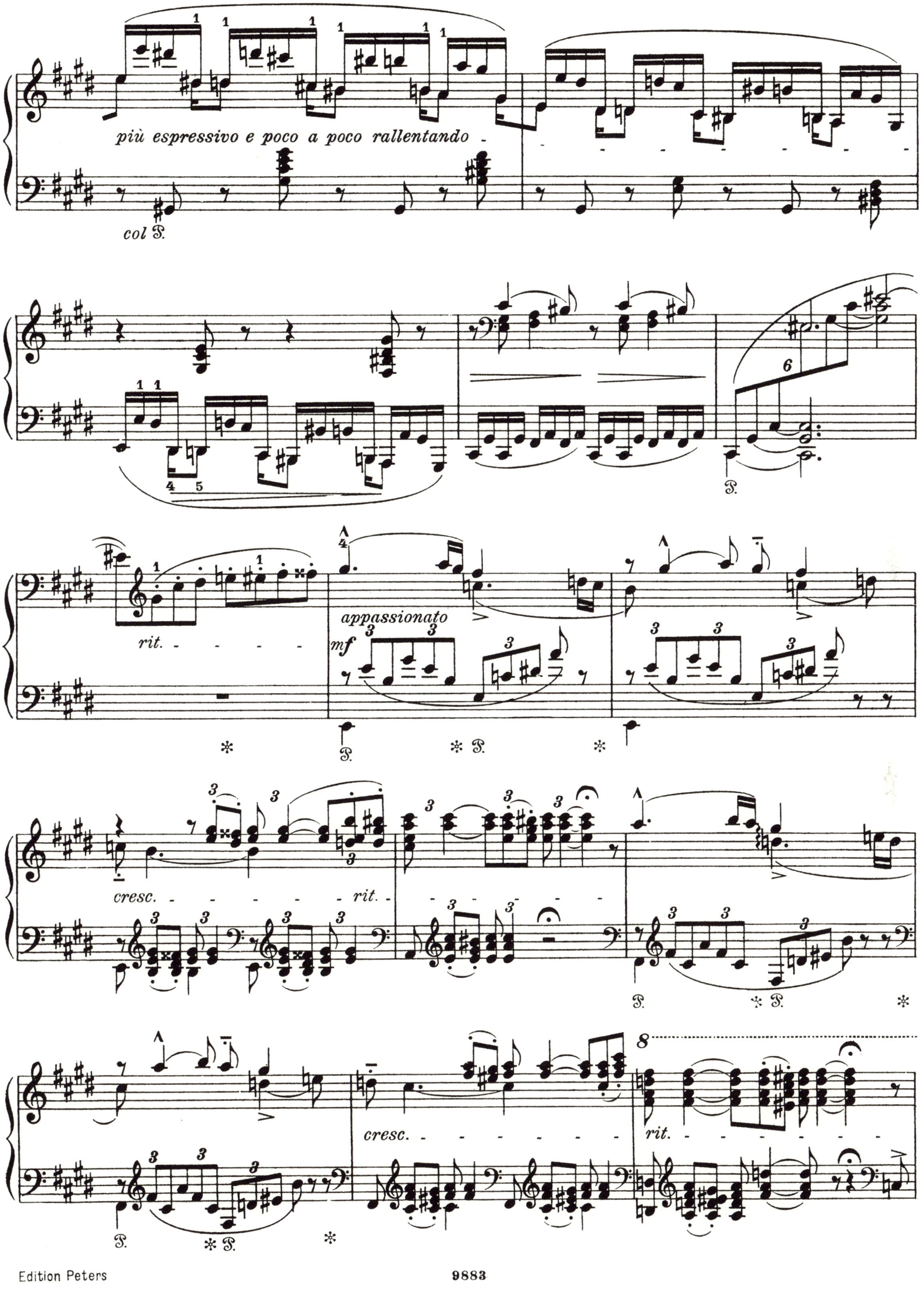
più espressivo e poco a poco rallentando
col Ped.
rit.
appassionato
mf
cresc.
rit.
cresc.
rit.

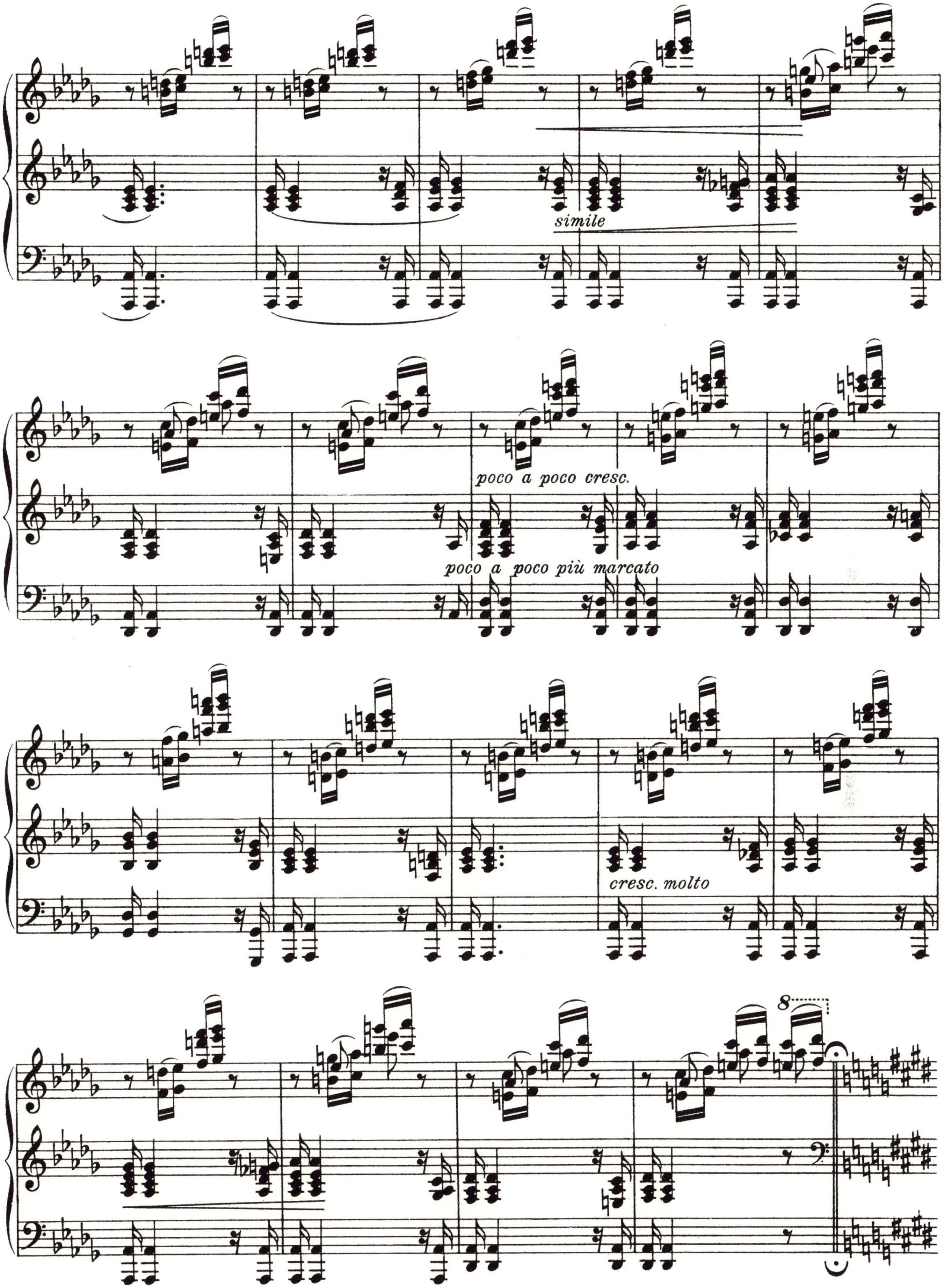
simile
poco a poco cresc.
poco a poco più marcato
cresc. molto
8

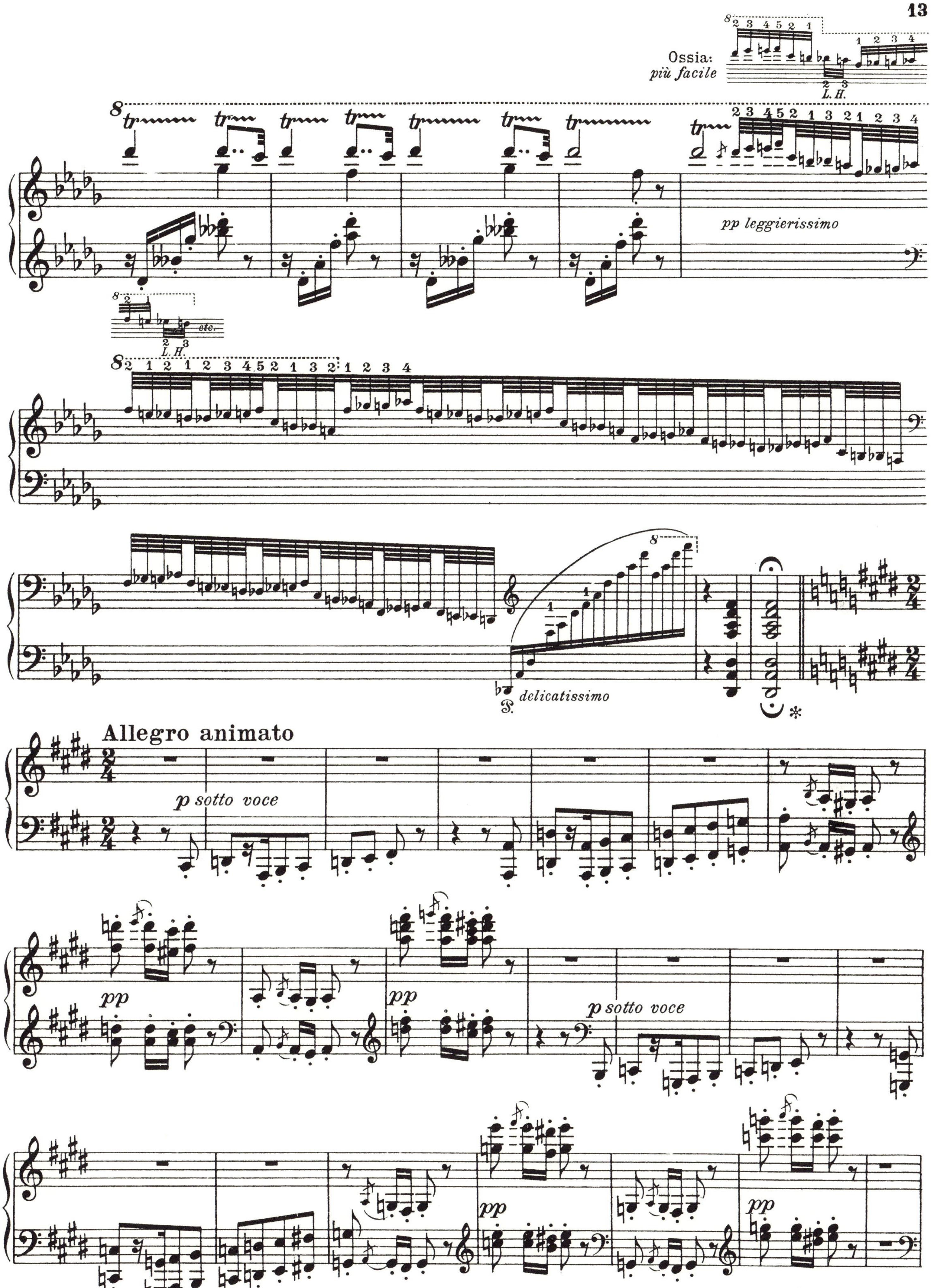
Ossia:
più facile
L. H.
pp leggierissimo
etc.
delicatissimo
Allegro animato
p sotto voce
pp
pp
p sotto voce
pp
pp

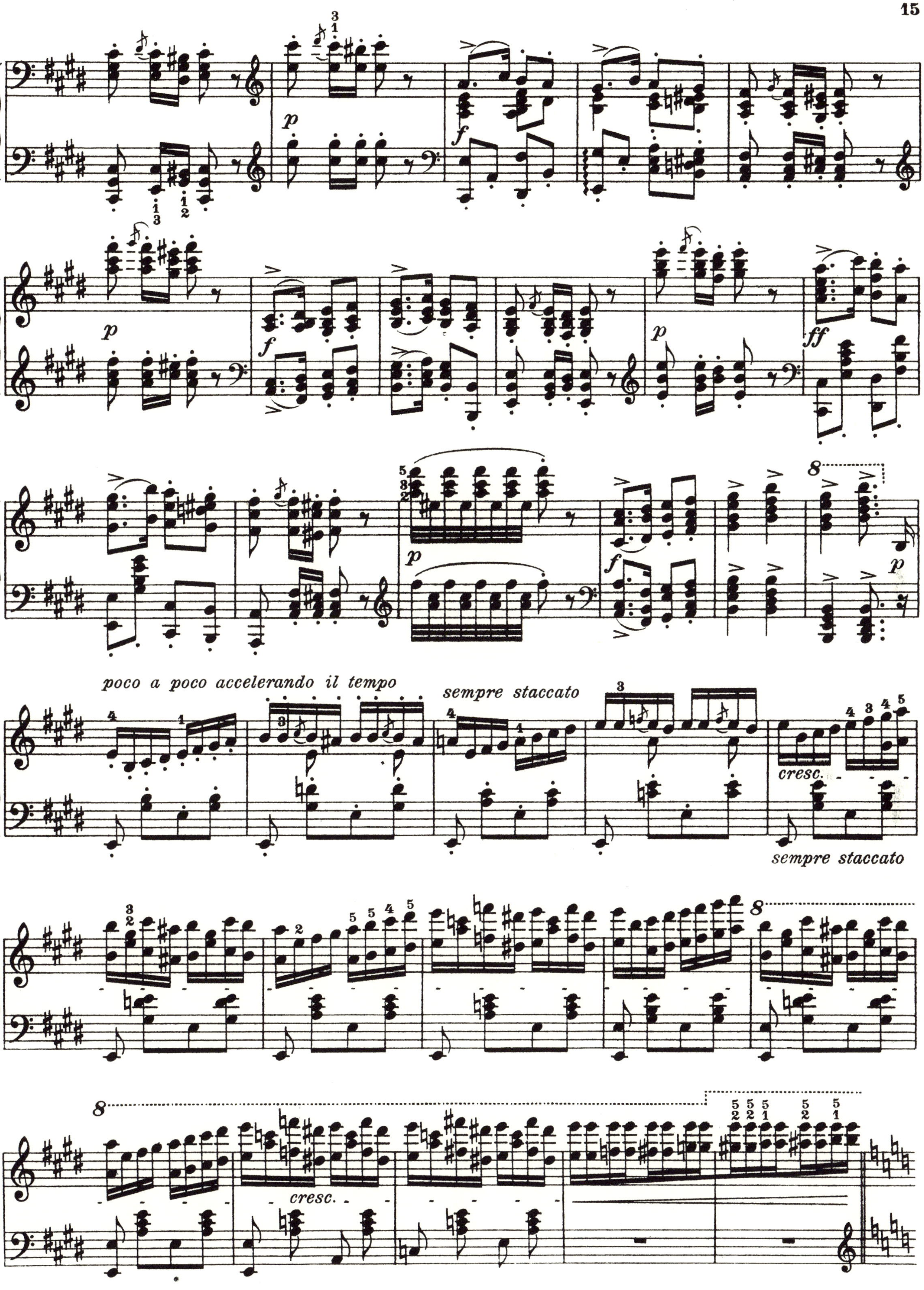
p
f
p
f
f
p
ff
p
f
8
p
poco a poco accelerando il tempo
sempre staccato
cresc.
sempre staccato
8
8
cresc.

16

*) Für kleinere Hände: verhindert ein Nachlassen der Kraft und die Wirkung ist fast gleich.
Pour petites mains: évite une déperdition des forces et l'effet est presque le même.
For smaller hands: prevents a decrease of physical energy and the effect is almost the same.

Edition Peters
9883

Au Comte Ladislas Teleky

II.

(Erschienen: 1851)

Lento a capriccio

Lassan

Andante, mesto

Friska

*) Der Herausgeber bevorzugt den unteren Fingersatz. | *L'éditeur préfère le doigté inférieur.* | The editor prefers the lower fingering.

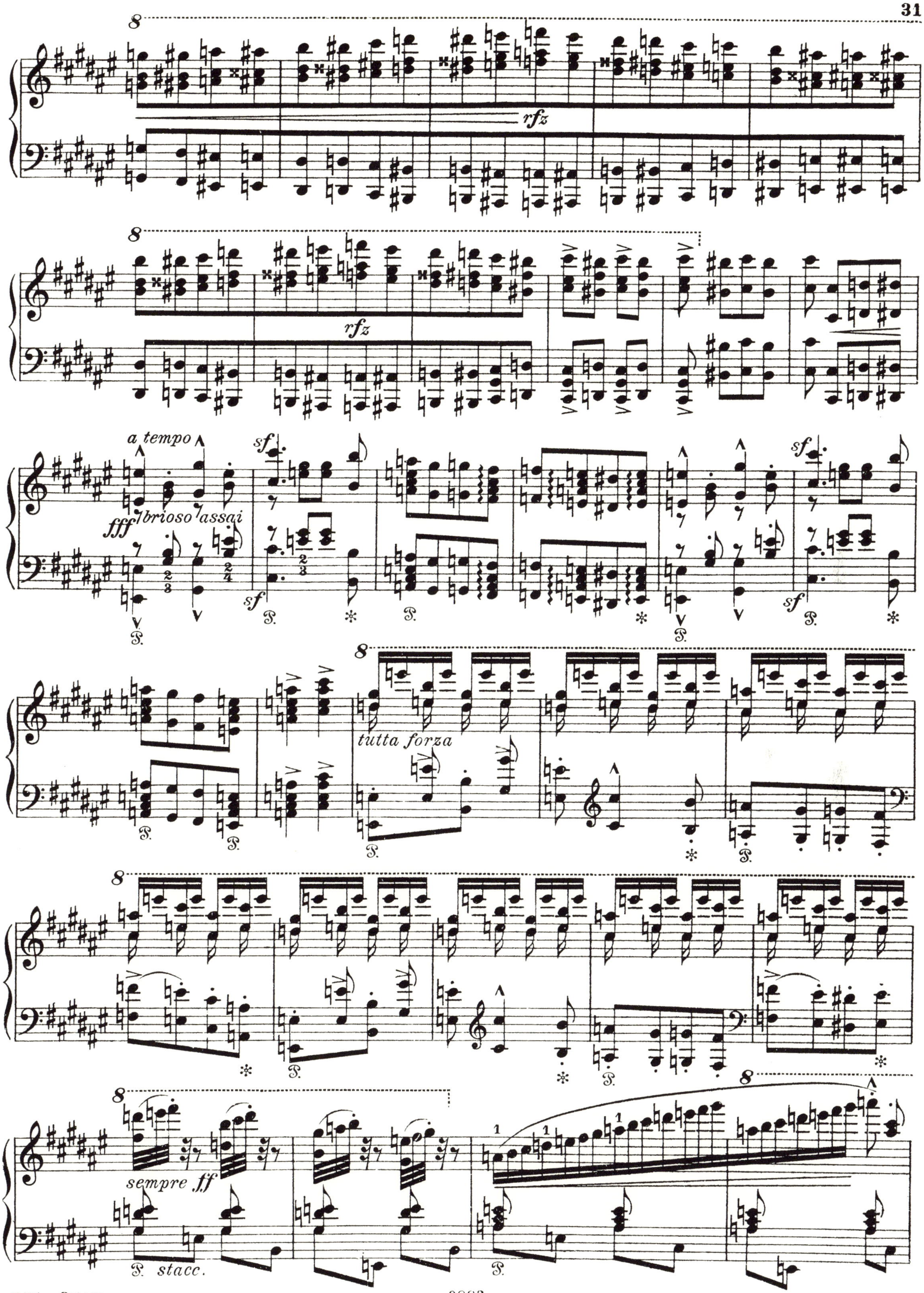

rfz
rfz
a tempo
fff brioso assai
sf
tutta forza
sempre ff
stacc.

32

*) Im Manuscript Liszt's aus dem Jahre 1847 steht „Largo." | *) Dans le manuscrit de Liszt de l'année 1847 est écrit „Largo." | *) In Liszt's manuscript from the year 1847 is written "Largo."

Au Comte Leo Festetics

III.

(Erschienen: 1854)

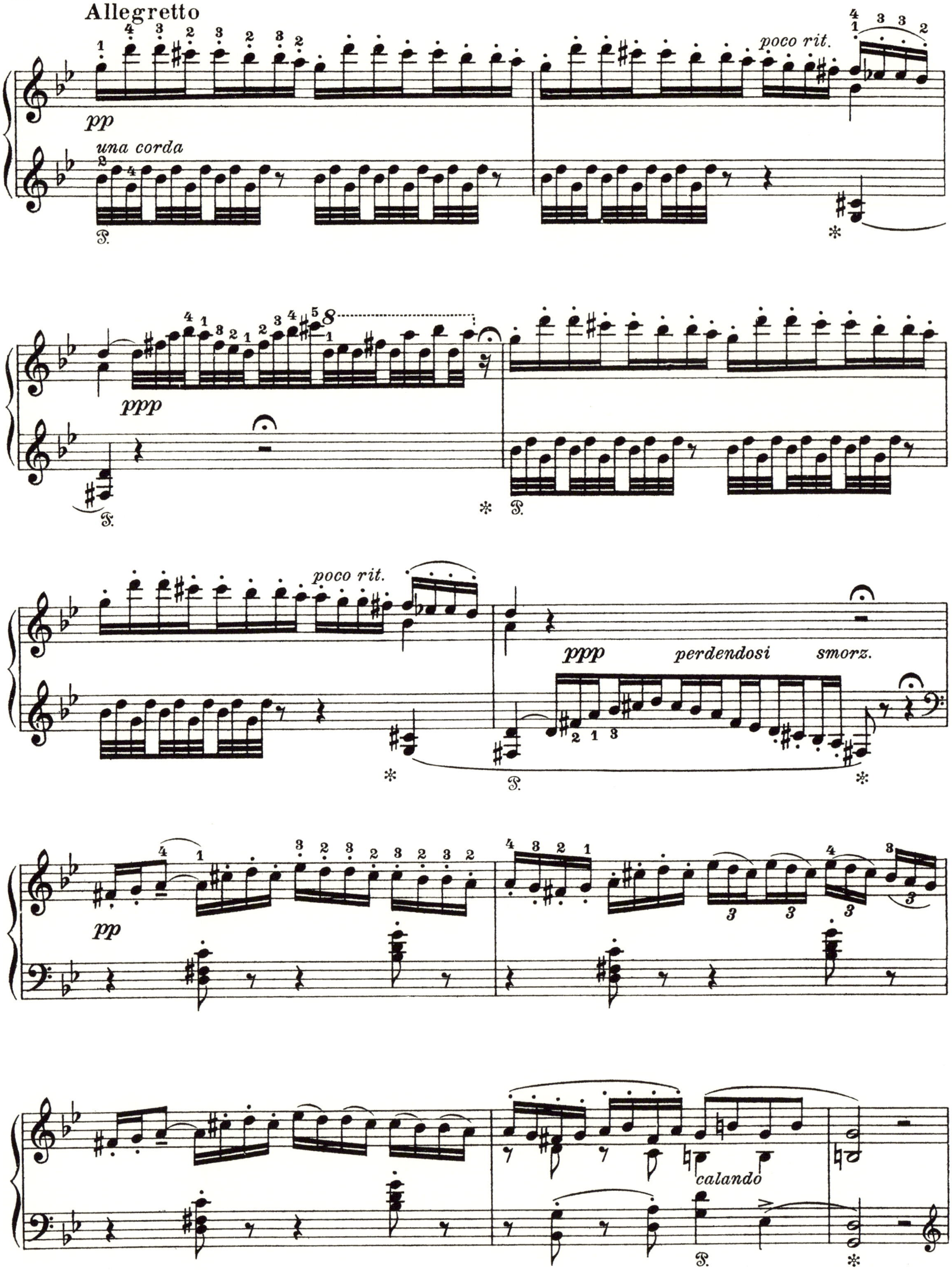
Allegretto
pp
una corda
poco rit.
ppp
8
poco rit.
ppp
perdendosi
smorz.
pp
calando

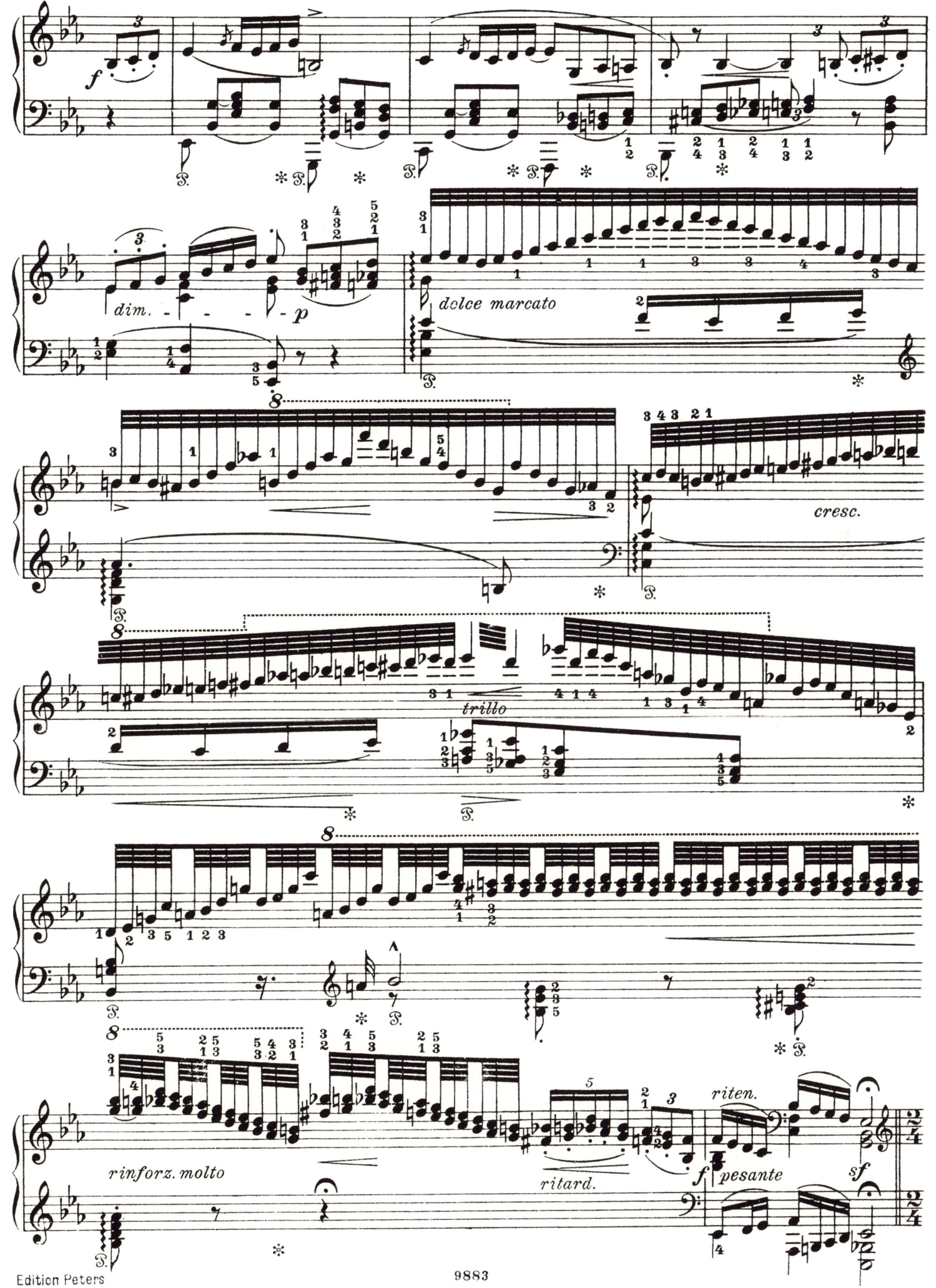

46

V.
Héroide-Elégiaque

A Madame La Comtesse Sidonie Reviczky

(Erschienen: 1854)

Au Comte Antoine d'Appony

VI.

(Erschienen: 1854)

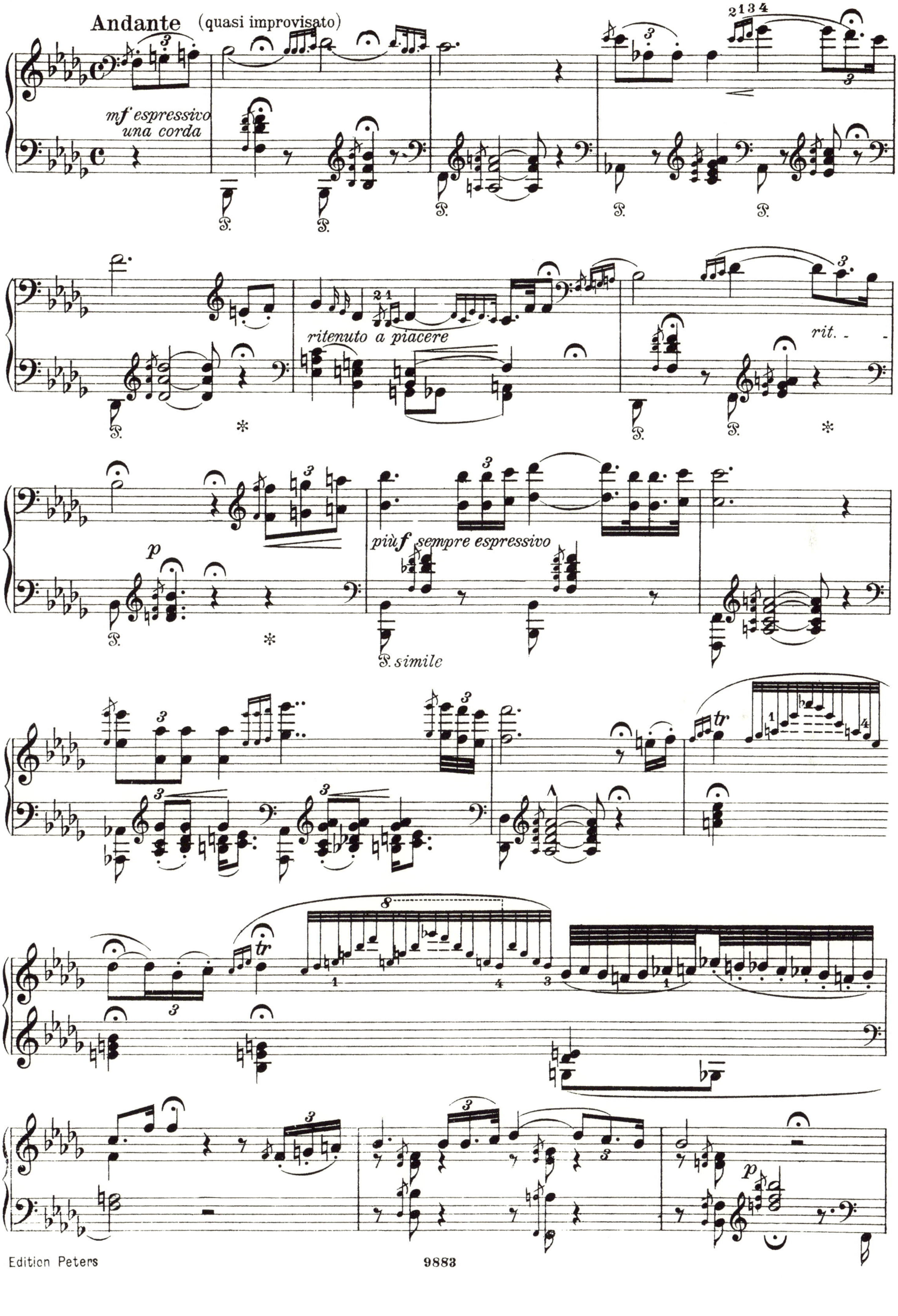
Andante (quasi improvisato)
mf espressivo
una corda
ritenuto a piacere
rit.
p
più f sempre espressivo
𝆮 simile
tr
8
p

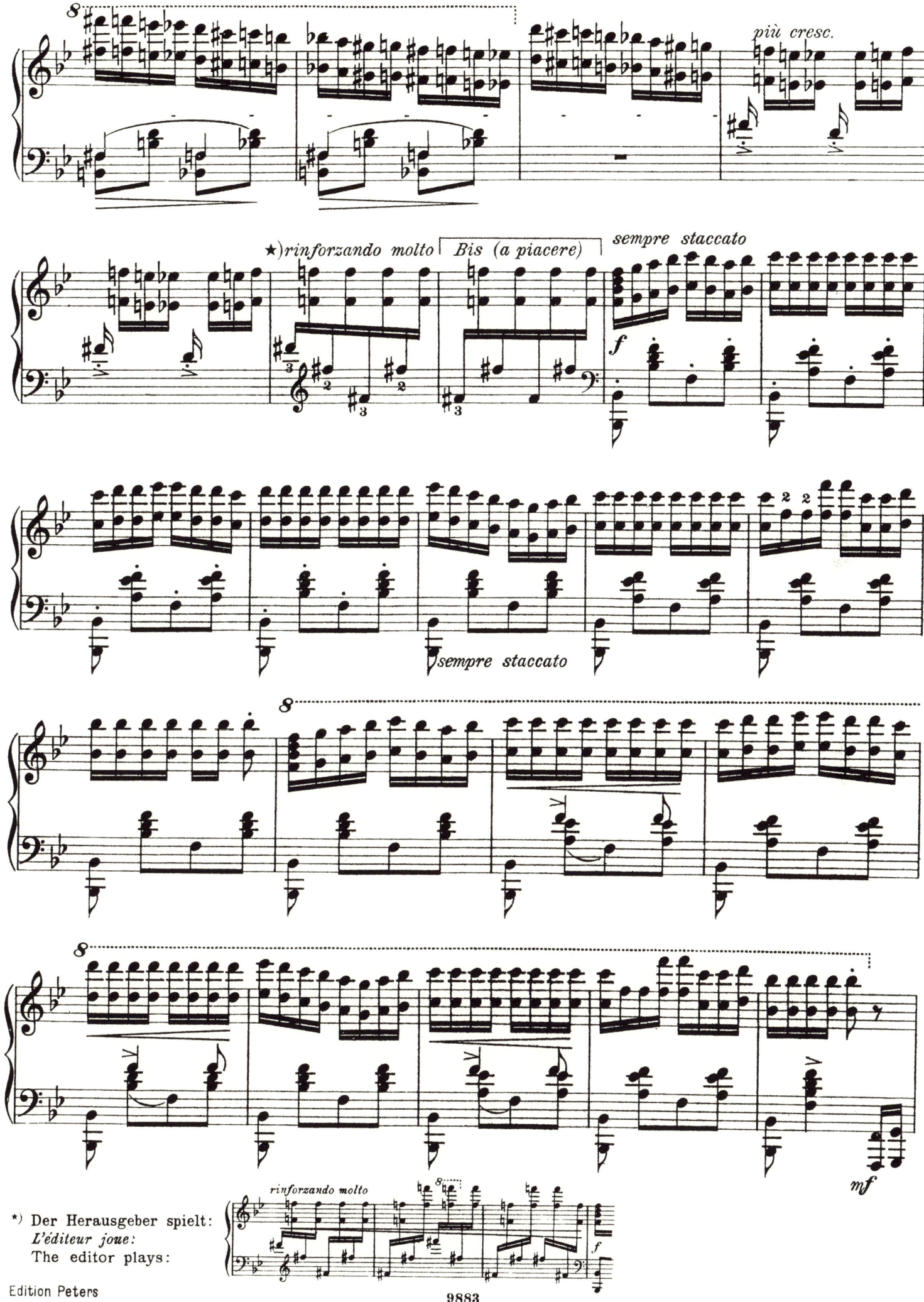

*) Der Herausgeber schaltet hier noch folgenden Takt ein:
L'éditeur interpose ici encore la mesure suivante:
The editor here inserts the following bar:

Au Baron Fery Orczy

VII.

Lento *Im trotzigen, tiefsinnigen Zigeuner-Stil vorzutragen* (Erschienen: 1854)

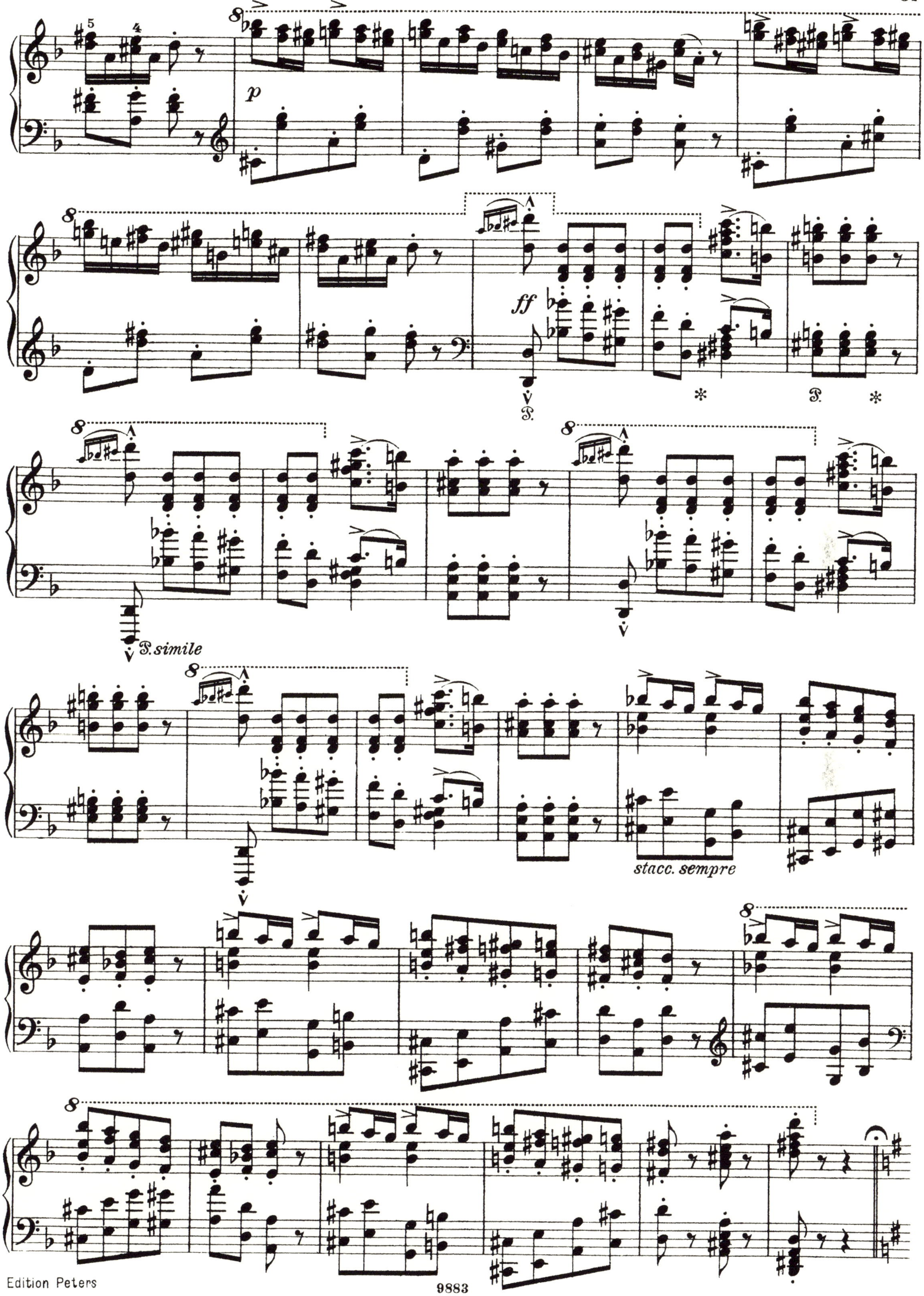
p
ff
simile
stacc. sempre

A Monsieur A. D'Augusz

VIII.

(Erschienen: 1853)

Lento a capriccio

*) Der Herausgeber spielt die folgenden 4 Takte in beiden Händen um eine Oktave höher.

*) L'éditeur joue les quatre mesures suivantes à deux mains une octave plus haut.

*) The editor plays the following 4 bars in both hands an octave higher.

82

KLAVIERMUSIK RUSSISCHER UND OSTEUROPÄISCHER KOMPONISTEN
RUSSIAN AND EAST EUROPEAN PIANO MUSIC

Sammlungen / Collections

KLAVIERMUSIK DER RUSSISCHEN FÜNF
(»Mächtiges Häuflein«) (Rüger)
Werke von Mussorgski (Scherzo cis-Moll, An der Südküste der Krim, Auf dem Lande); Borodin (Scherzo b-Moll); Cui (Nocturne Des-Dur, Valse D-Dur, Polonaise E-Dur, Mazurka fis-Moll); Balakirew (Paraphrase über „Die Lerche", Im Garten, Polka fis-Moll); Rimsky-Korsakow (Walzer Cis-Dur, Impromptu H-Dur u.a.) . . . . EP 9286a

KLAVIERSTÜCKE AUS RUSSLAND UND OSTEUROPA
- I 18 leichte Klavierstücke von Glinka, Liadow, Kabalewski, Schostakowitsch u.a. . . . . EP 4798
- II 100 Klavierstücke für Kinder von Glinka, Kossenko, Mjaskowski, Gliere u.v.a.
    Heft 1 41 sehr leichte Stücke u. Bearbeitungen EP 5721
    Heft 2 27 leichte bis mittelschwere Stücke . EP 5722
    Heft 3 22 schwerere Stücke . . . . EP 5723
- III Klavierstücke für Fortgeschrittene
    Heft 1 28 Stücke von Okunev, Eschpai, Schnittke, Schostakowitsch, S. Slonimski u.a. . . . EP 5771
    Heft 2 32 Stücke von Komponisten aus Moldawien, Ukraine, Weißrußland, Estland, Lettland, Litauen . . . . EP 5772

KONZERTSTÜCKE DES 20. JAHRHUNDERTS AUS RUSSLAND UND OSTEUROPA (Strukow)
Werke von J. Rääts (Toccata), K. Sorokin (Tanz A-Dur), G. Okunev (Nachklänge des Nordens), A. Eschpai (Etüde e-Moll), V. Barkauskas (Čiurlionis-Legende), A. Pirumow (Präludium und Toccata), A. Baltin (Sonatine), A. Babad-shanjan (Poem), M. Parzchaladse (Panduruli-Toccata) . . . . EP 5738

RUSSISCHE KLAVIERMUSIK UM 1920 (Koptschewski)
50 Stücke von Mjaskowski, Roslawetz, Mossolow, Saderazki, A. Alexandrow, W. Deschewow, A. Krein, B. Ljatoschinski, A. Drosdow, G. Popow, S. Feinberg, W. Schtscherbatschow, , N. Tschemberdshi, L. Polowinkin, u.a. . . . . EP 5798

Komponisten / Composers

BALAKIREW Islamei . . . . EP 9167
- Ausgewählte Klavierwerke Band I: Polka, Nocturne Nr. 2, Mazurken Nr. 1-3, Walzer Nr. 4 und 6, Scherzo Nr. 2, Wiegenlied, Toccata . . . . EP 9576a
- Band II: Im Garten, Die Spinnerin, Nocturne Nr. 3, Walzer Nr. 7, Scherzo Nr. 3, Mazurken Nr. 6 u. 7 EP 9576b

BORODIN Petite Suite . . . . EP 4320
BORTKIEWICZ Ballade cis-Moll op. 42, Elegie Cis-Dur op. 46 . . . . EP 8543

DVOŘÁK Ausgewählte Klavierwerke (Lerche)
Humoresken (op. 101 Nr. 1, 5-8); Mazurken (op. 56 Nr. 3-6); Walzer (op. 54 Nr. 1, 4, 7); Silhouetten (op. 8 Nr. 3 u. 5); Poet. Stimmungsbilder (op. 85 Nr. 5 und 7); Dumka op. 12; Eklogen Nr. 1 und 4; Albumblätter Nr. 2 und 3; Sousedská g-Moll; Andante a-Moll (aus op. 98); Impromptu G-Dur . . . . EP 4676

JANÁČEK Auf verwachsenem Pfade; Im Nebel; Sonate 1.X. 1905; Tema con variazioni (Zdenka-Variationen); Erinnerung; Zum Andenken As-Dur EP 9867

LIADOW Von alten Zeiten op. 21, Kleiner Walzer op. 26, Die Spieldose op. 32, Barkarole op. 44, Drei Stücke op. 57, Vier Stücke op. 64 und ausgewählte Klavierwerke aus op. 2, 3, 4, 7, 10, 11, 15, 17, 27, 31, 40, 46 . . . . EP 9193

MUSSORGSKI Bilder einer Ausstellung, Urtext . EP 9585

SKRJABIN Klavierwerke in 6 Bänden (G. Philipp)
- I Etüden op. 8, 42, 65 . . . . EP 9077a
- II Préludes, Poèmes u.a. Stücke op. 11, 27, 32, 47, 56, 72, 73, 74 . . . . EP 9077b
- III Préludes, Poèmes, Stücke op. 13, 16, 38, 45, 46, 48, 49, 51, 52, 57, 58, 59, 61, 63, 67, 69, 71 EP 9077c
- IV Mazurken op. 3, 25, 40 . . . . EP 9077d
- V Sonaten Nr. 1-5 op. 6, 19, 23, 30, 53 . . . . . EP 9077e
- VI Sonaten Nr. 6-10 op. 62, 64, 66, 68, 70 . . . . EP 9077f
- Sonate-Fantaisie gis-Moll op. posth. (1886) . . . . . Bel 582
Alle übrigen Klavierwerke mit Opuszahlen sind in Einzelausgaben erhältlich (siehe Katalog Edition Peters)

STOJANOFF 20 Klavierstücke für die Jugend . . EP 4751
A. TCHEREPNIN Suite für Cembalo op. 100 . . . EP 6879
- Übungen an pentatonischen Tonleitern . . . . . . EP 4436

TSCHAIKOWSKY Ausgewählte Klavierwerke
- Bd. I aus op. 1, 8, 19, 21, 59 . . . . EP 4652
- Bd. II aus op. 2, 5, 7, 9, 10, 19, 40 u.a. . . . . . . EP 4653
- Bd. III aus op. 51, 72 . . . . EP 4654
- Große Sonate G-Dur op. 37 . . . . EP 4995
- Die Jahreszeiten op. 37a, Neuausgabe . . . . . . EP 8968
- Jugendalbum op. 39 . . . . EP 3782

Klavier zu 4 Händen / Piano 4 hands

DVOŘÁK Slawische Tänze op. 46 . . . . EP 8752a
- Slawische Tänze op. 72 . . . . EP 8752b

Zwei Klaviere / Two pianos

SMETANA Rondo C-Dur für 2 Klaviere zu 8 Hd. EP 4479
- Sonate e-Moll für 2 Klaviere zu 8 Händen . . . . H 19
A. TCHEREPNIN Rondo op. 87a für 2 Klaviere EP 6074
TSCHAIKOWSKY Konzert Nr. 1 b-Moll op. 23 EP 3775
- Konzert Nr. 2 G-Dur op. 44 . . . . EP 4644

Bitte fordern Sie den Katalog der Edition Peters an
For our free sales catalogue please contact your local music dealer

C. F. PETERS · FRANKFURT/M. · LEIPZIG · LONDON · NEW YORK

www.edition-peters.de · www.edition-peters.com

KLAVIERKONZERTE / PIANO CONCERTOS
(Ausgaben für 2 Klaviere / Two-piano editions)

J. CHR. BACH Konzert D-Dur
  op. 13 Nr. 2 .... EP 4262
– Konzert B-Dur op. 13 Nr. 4 ...... EP 4329
J. S. BACH Konzert d-Moll BWV 1052
  (Schulze/K. Schubert) .... EP 9980
– Konzert E-Dur BWV 1053 (Held) .. EP 9981
– Konzert A-Dur BWV 1055
  (Soldan) .... EP 4467
– Konzert f-Moll BWV 1056 (Schulze/
  K. Schubert) .... EP 9983
– Konzert C-Dur BWV 1061a, Originale
  Erstfassung für 2 Klaviere (Wolff)
  (zus. mit 2 Fugen aus der »Kunst
  der Fuge« BWV 1080/18) .... EP 8611
– Doppelkonzert C-Dur BWV 1061
  (Griepenkerl) .... EP 2200a
– Doppelkonzert c-Moll BWV 1060
  (Griepenkerl) .... EP 2200b
BEETHOVEN Konzert Nr. 1 C-Dur op. 15
  mit Originalkadenzen (Pauer) ... EP 2894a
– Konzert Nr. 2 B-Dur mit Original-
  kadenz op. 19 (Pauer) .... EP 2894b
– Konzert Nr. 3 c-Moll op. 37 .... EP 2894c
– Konzert Nr. 4 G-Dur op. 58 mit Original-
  kadenzen (Pauer) .... EP 2894d
– Konzert Nr. 5 Es-Dur op. 73 .... EP 2894e
– Fünf Klavierkonzerte op. 15, 19,
  37, 58, 73 und Chorfantasie op. 80
  (Ausgabe für Klavier zu zwei Händen,
  mit eingezogenem Orchesterpart) ... EP 144
BRAHMS Konzert Nr. 1 d-Moll op. 15 (Sauer)
  EP 3655
– Konzert Nr. 2 B-Dur op. 83 (Sauer) .. EP 3895
CHOPIN Konzert Nr. 1 e-Moll op. 11
  (Pozniak) .... EP 2895a
– Konzert Nr. 2 f-Moll op. 21 (Pozniak) . EP 2895b
– Grande Polonaise brillante Es-Dur
  (mit Andante spianato) op. 22 ... EP 2968
– Werke für Klavier und Orchester
  op. 2, 12, 14, 22 (Ausgabe für Klavier
  zu zwei Händen) .... EP 1912
DEBUSSY Fantaisie G-Dur (Pommer) . EP 9078k
FAURÉ Fantasie op. 111 .... EP 9569b
FRANCK Symphonische Variationen
  fis-Moll (Sauer) .... EP 3741
GLASUNOW Konzert Nr. 1 f-Moll
  op. 92 .... Bel 185
– Konzert Nr. 2 H-Dur op. 100 .... Bel 186
GRIEG Konzert a-Moll op. 16 ..... EP 2164

HAYDN Konzert G-Dur Hob. XVIII:4
  (mit Kadenzen vom Herausgeber)
  (Hinze-Reinhold) .... EP 4643
– Konzert D-Dur op. 21 Hob. XVIII:11
  (mit Originalkadenzen und Kadenzen
  von Sekles) (Teichmüller) ...... EP 4353
– – (Hinze-Reinhold) .... EP 4353a
LISZT Konzert Nr. 1 Es-Dur ...... EP 3606
– Konzert Nr. 2 A-Dur .... EP 3607
– Phantasie über ungarische Volks
  melodien (Sauer) .... EP 3612
– Konzerte Es-Dur, A-Dur; Danse macabre;
  Phantasie über ungarische Volksmelodien;
  Schubert: »Wandererfantasie«; Weber:
  Polonaise brillante .... EP 3602c
MENDELSSOHN BARTHOLDY
– Konzert Nr. 1 g-Moll op. 25 .... EP 2896a
– Konzert Nr. 2 d-Moll op. 40 .... EP 2896b
– Werke für Klavier und Orchester op. 22,
  25, 29, 40, 43 (Ausgabe für Klavier zu
  2 Händen) .... EP 1704d
MOSZKOWSKI Konzert E-Dur
  op. 59 .... EP 2872
W. A. MOZART Sämtliche Klavierkon-
  zerte (Nr. 5-27), Neue Urtext-Ausgabe
  von Chr. Wolff und Chr. Zacharias
  (mit Originalkadenzen)
– Konzert Nr. 5 D-Dur KV 175 (mit
  Konzertrondo D-Dur KV 382) .. EP 8805
– Konzert Nr. 6 B-Dur KV 238 .. EP 8806
– Konzert Nr. 7 F-Dur für 3 Klaviere und
  Orchester (»Lodron-Konzert«)
  KV 242, mit Einlage: Fassung für
  2 Klaviere vom Komponisten .. EP 8807
– Konzert Nr. 8 C-Dur KV 246 (»Lützow-
  Konzert«) mit Originalkadenzen . EP 8808
– Konzert Nr. 9 Es-Dur KV 271
  (»Jeunehomme-Konzert«) ...... EP 8809
– Konzert Nr. 10 Es-Dur für 2 Klaviere
  und Orchester KV 365 .... EP 8810
– Konzert Nr. 11 F-Dur KV 413 .. EP 8811
– Konzert Nr. 12 A-Dur KV 414 (mit
  Konzertrondo A-Dur KV 386) .. EP 8812
– Konzert Nr. 13 C-Dur KV 415 . EP 8813
– Konzert Nr. 14 Es-Dur KV 449
  (»1. Ployer-Konzert«) .... EP 8814
– Konzert Nr. 15 B-Dur KV 450 . EP 8815
– Konzert Nr. 16 D-Dur KV 451 . EP 8816
– Konzert Nr. 17 G-Dur KV 453
  (»2. Ployer-Konzert«) .... EP 8817

W. A. MOZART (Forts.)
– Konzert Nr. 18 B-Dur KV 456
  (»Paradis-Konzert«) .... EP 8818
– Konzert Nr. 19 F-Dur KV 459
  (»2. Krönungskonzert«) .... EP 8819
– Konzert Nr. 20 d-Moll KV 466
  (mit Kadenzen von Beethoven und
  Zacharias) .... EP 8820
– Konzert Nr. 21 C-Dur KV 467
  (mit Kadenzen von Zacharias) . EP 8821
– Konzert Nr. 22 Es-Dur KV 482
  (mit Kadenzen von Zacharias) . EP 8822
– Konzert Nr. 23 A-Dur KV 488 . EP 8823
– Konzert Nr. 24 c-Moll KV 491
  (mit Kadenzen von Zacharias) . EP 8824
– Konzert Nr. 25 C-Dur KV 503
  (mit Kadenz von Zacharias) .. EP 8825
– Konzert Nr. 26 D-Dur KV 537
  (»1. Krönungskonzert«)
  mit Kadenz von Zacharias ... EP 8826
– Konzert Nr. 27 B-Dur KV 595 . EP 8827
RIMSKY-KORSAKOW Konzert cis-
  Moll op. 30 .... Bel 188
SAINT-SAËNS Karneval der Tiere
  Partitur .... EP 9293
– – Klavier I/II-Stimme .... EP 9293b
SCHUMANN Konzert a-Moll
  op. 54 (Sauer) .... EP 2898
– Konzertstück F-Dur für Klavier
  und Orchester (nach dem Konzert-
  stück für 4 Hörner op. 86) .. EP 8576
SCRIABIN Konzert fis-Moll
  op. 20 .... Bel 189
A. TCHEREPNIN Konzert Nr. 5
  op. 96 .... Bel 190
– Konzert Nr. 6 op. 99 .... Bel 191
TSCHAIKOWSKY Andante und
  Finale op. 79 (Taneiev) ..... Bel 373
– Konzert Nr. 1 b-Moll op. 23
  (Teichmüller) .... EP 3775
– Konzert Nr. 2 G-Dur op. 44 . EP 4644
WEBER Konzertstück f-Moll
  op. 79 (Ruthardt) .... EP 2899
– Konzert Nr. 1 C-Dur op. 11;
  Konzert Nr. 2 Es-Dur op. 32;
  Variationen op. 2, 5, 6, 9, 28, 55
  (Ausgabe für Klavier zu
  zwei Händen) .... EP 717c

Bitte fordern Sie den Katalog der Edition Peters an
For our free sales catalogue please contact your local music dealer

C. F. PETERS · FRANKFURT/M. · LEIPZIG · LONDON · NEW YORK

www.edition-peters.de · www.edition-peters.com